Sombraventadora / Shadowinnower

SOMBRAVENTADORA

AGUEDA PIZARRO

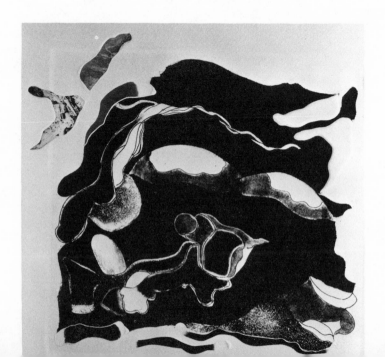

SHADOWINNOWER

Translated by Barbara Stoler Miller
with the poet

New York   Columbia University Press   1979

Title page illustration: *El don de mi destierra* ("Gift of My Exile Land"), by Luis Lopez Loza. Courtesy of the artist.

Copyright © 1979 Columbia University Press
All rights reserved.

Columbia University Press
New York   Guildford, Surrey

Printed in the United States of America

Library of Congress Cataloging in Publication Data

Pizarro, Agueda, 1941–
  Sombraventadora = Shadowinnower.
  English and Spanish.
  I. Miller, Barbara Stoler.   II. Title.   III. Title:
Shadowinnower.
PQ7079.2.P5S6513   861   79–12561
ISBN 0–231–04828–9
ISBN 0–231–04829–7 pbk.

Para Sarita y Gwenn,
colorcreciendo,
ovillando rayos
en risaluciérnagas.

For Sarita and Gwenn,
growing into colors,
winding rays
into fireflies of laughter.

CONTENTS

Contents

PREFACE

Shadowinnower contains the experience of a woman traveling about the earth and through interior solitude. Each long poem has a precise location evoked by dreamlike images. The description in them is directed inward, so that the exterior landscape penetrates the interior one in order to grow there, transformed. By singing each place, I wanted to make it present in all its beauty, its violence, its serenity, and to transmit the conflict between living and dying I found in it and in me. In this sense, the poems are spells against death, in which the sensual memory of cities and regions is revived in the joy of the language. The repetition of sounds, the creation of rhythms, the invention of words were weapons against silence. The words became cities which grew the way their sisters on earth do, like mushrooms or trees or coral reefs, until they are the outside skeletons of the inhabitants, the affirmation of their being between sea and river, valley and mountain.

The brief poems which alternate with the long ones are like their negatives. The process of imagining them is the opposite: their trajectory is outward. While the long ones are based on descriptions of places, the short ones are meditations on a single mental vision, without adding any outward thing and without accumulating assonances or intense, ascending rhythms. The latter were conceived originally as envois or epigraphs for the former, but they changed into a kind of illumination, more lucid and transparent, more concise than their companions.

The book has an itinerary that could be traced on a map. It travels from Europe, from the countries of my parents, to New York, where I was born and which for them was exile, and finally through Mexico to Colombia. The poems to Spain and Rumania are not a return to the past, although they invoke it. They are the rediscovery of countries seen through the reality and the illusion manifest in Latin America. They are also self-descriptions where I see myself in buildings and fields that were mine only in the imagination of my childhood, stimulated by my father's Andalusian voice, made of Alhambra fountains, and by the tales of fortune-tellers and bear-princes my mother told me. My verbal heritage is the structure of memories that my parents carried like a shining castle of tears and spilled blood.

My primary language is an idealized Spanish, mixed with the experience of English and French and guarded for many years like a secret room where I would return in order to feel. Spanish was the tongue of my childhood, English that of my education. That I chose the former as a poetic idiom is due to my encounter with Latin America and with its literature. The form and content of the three books I have written are more Latin American than Spanish or English. Nevertheless, writing poetry allowed me to pour all the emotions imprisoned from the beginning of my life into something I feverishly and passionately wished to make mine.

My two first books, *Aquí beso yo* and *Labio adicto,* are love poems, strongly erotic, the voice of a woman singing the discovery of sensuality. They are also a love song to the world from which my husband came. Latin America seemed to me to be a promised land, in spite of its tragedies and its problems, because in the search for its identity the conflict of classes and traditions has been resolved in an art and a literature that is conscious, powerful, and alive. I wanted to take root in Colombia, becoming with my husband part of the affirmation of vitality, invention, and discovery in Latin America.

The legends of the phoenix and of Lazarus pursue me. I also wished to rise from the ashes of my parents' disillusionment and pain, keeping what was in them so miraculous and enduring: image and word. I wanted to transform these into something from the New World, almost more a person than a world of words, an identity in which I was my own country the way peoples of a diaspora are, or individual travelers, outcasts, vagabonds. To accomplish this ideal I searched in me for what was most original and personal. In the preface to my second book, I defined both myth and poetic image as "plunging one's hand down into oneself until something unrecognizable even to oneself is drawn out." From this idea comes the experimental character of my most recent poems.

They are based on the composite word, which seems to me to be the most perfect trope (*serpiedra*, serpentbeingstone). It is a poetic mode which, instead of leaving each element in its own region, as does the simile, or keeping the distance of a silence between them, as does the metaphor, unites them to form a new being. The double word is not, in this book, a verbal game, but a symbol of my life, amalgam of cultures and tongues simultaneously seeking to take root and to be free. Its most intense expression is the antithesis. The fusion of contraries, in which the French surrealists believed, is the essence of what I would like to express in my poems, as it is in many of the literary and artistic works of Latin America. The composite word is a crossbreed taking strength as much from the tension between its parts as from its unity.

For these reasons the itinerary of the book is toward Latin America, specifically Colombia, and Mexico, the bridge where I discovered the majesty of precolumbian civilization, sleeping under the ground and shining in the skins of the inhabitants, infusing everything with the meaning of what is lasting and the mystery of what has been lost. New York is the port where I was born. Being a New Yorker allowed me to travel outward. This city is a ship of cement, anchored between two estuaries by the weight of the exiles, the adventurers, the pilgrims, really a country in itself where everyone looks longingly for the sea as they walk between caves.

These are the origins of the poems in my life. As for literary and extraliterary influences, the poets of my father's generation and the one before it, García Lorca, Pedro Salinas, Jorge Guillén, Juan Ramón Jiménez—I heard them all read in my childhood, and I met some of them. They left an indelible impression that I kept alive during my adolescence by repeated readings that were almost rituals. It was as if with each return to that imaginary country which was Spain, I brought back my dead father. I took my first trip to his homeland when I was seventeen years old. It was then that I bought a book of Neruda's, *Residencia en la tierra*. While he shared much with the Spanish poets, for me he opened doors to a Latin America covered with images of surprising color, an enormous flower that hangs its head under the weight of a swarm of butterflies hungry for its sweetness, confused among the petals. The influence of all these poets was psychologically profound; their worlds were blended with mine because they were of the scattered family of phantom Spain.

I studied French literature, and there I gravitated toward the surrealists, Eluard, Breton, Desnos, toward René Char, on whom I wrote my master's essay. Surrealism, which recognizes fully the power of the unconscious and frees the poet to dream actively rather than reason or construct, makes him a gift of the goblins of his imagination. I studied the influence in the French eighteenth century of the Spanish picaresque, in which I found images which took me closer and closer to Latin America and in which are certainly the seeds of the idea of writing a book of travel poems. The exoticism of English Romanticism, learned in high school from a teacher to whom I owe much, the density of Yeats, all are part of my knowledge and have something to do with my style.

The novels and the poetry of Latin America that I read seemed to me to affirm an American language growing from a European seed planted in the Indian and black traditions. Spanish has looked into the mystery of its past and has been reborn in its own image. The first page of the extraordinary symbolic, cyclical novel of Gabriel García Márquez, *One Hundred Years of Solitude,* is a prose poem about the naming of things, about a time so far away in the history of Macondo that the inhabitants had to write the names of objects on them in order to remember what they were called. In the first pages, Macondo is a child-town learning to speak, and the novel, among many other things, traces the development of its babbling into a mythology.

The Colombian poet Leon de Greiff, almost unknown in

Preface

the United States, had a great impact on me in the unfolding of a daring language. His work is a self-sufficient universe, rich in associations, erudite and at the same time filled with a courageous and original humor. De Greiff was a genuine voice, extraordinarily skilled as much in traditional as in more modern forms. His voluminous oeuvre has love sonnets, epics, satiric verses. He did everything, recreating the history of Spanish literature and bringing to it a rich substratum of his Scandinavian background, his knowledge of French and, more incredibly, of music. He was one of the few poets to utilize sonatas and fugues to define the rhythms and rhymes of his compositions. Of the younger Colombians, Álvaro Mutis, poet of the black wings of death, and a group, now disbanded, which was called "Nadaístas" (Nothingists) and which employed many of the techniques of surrealism, have entered in some way into my world.

These poems are not only replete with Latin American literature but also with its art, which I know through my husband, a painter and geometric printmaker who loves his country with all the ferocious passion of a perfectionist. His art seeks to order and to distill while he finds in himself legendary elemental shapes that passed from the precolumbian into his dreams. My poetry learned to be visual through him. In living Latin American art I understood what the image really is—a vital element in men, women, towns, and nations. Poetic or plastic, it is something that lives in the retina, on the tongue, in the hands. It is a skin of illusions. Human beings naturally see form, geometry, myth, metaphor in everything that surrounds them. Poets and painters, hunters, catch and feed these, protecting them from becoming transparent, chaotic.

There are several poems that should be placed more specifically and that come from particular forms and traditions. The *Kharja* in *El don de mi destierra* (Gift of My Exile Land), is a lyric form composed of old Spanish, Hebrew, and Arabic; in it tongues are mixed to intensify feelings of love or absence. The *doina* in *Murmurarumania* (Murmuringrumania) is a Rumanian popular song, similar to flamenco because of its indescribable sadness and the solitude of the voice in its music.

The relationship with the literature of India is very special in this book because it brought about the translation. The poem *Avidaves inspiradas* (Ardentbirds Inspired) follows, not very rigorously, the rhythms of the *rāgās,* improvised according to certain canons and played on the *sitār* or the *sarod,* stringed instruments, by master musicians of India. Perhaps because of its resemblance to the Flamenco guitar, this music has always bewitched me and I have often written while listening to it. *Avidaves* is fashioned with the purpose of reproducing those sounds with words. I have read Sanskrit literature in translation and I have shared it in a long friendship with Barbara Stoler Miller. It has enriched my studies and my readings with its sanctification of sensuality and with the exaltation of its expression in poems of mythology and religion. I know its verbal textures only through what Barbara and Indian friends have told me. When I began writing I already knew that Sanskrit used compound words.

Because of the emotional content and the conflicts that still exist in me, because of the tendency to write something completely different when I translate my own poems into English, because of our friendship, and because of the interest Barbara showed in the poems, we have translated them together. Barbara's English is the expression of her mastery as a translator and her understanding of my diverse and fragmented world. The translation was a confrontation with myself. It made me conscious of the direction which the voyage of my book had taken. It was a voyage of discovery. I am a woman poet. I am from this continent. My poetry seeks to unite. I am a special case, and my hope is that my poetry resolves all these contradictions in a correspondence of vision, sound, and meaning.

Agueda Pizarro

New York
May 1979

PREFACIO

Sombraventadora contiene la experiencia de una mujer viajera por la tierra y por la soledad interior. Cada poema largo se sitúa en un lugar preciso evocado a través de imágenes como sueños. La descripción en ellos está hecha hacia adentro, es decir que el paisaje exterior penetra el interior para nacer allí, transformado. Al cantar cada sitio, quería hacerlo presente en toda su belleza, su violencia, su serenidad y transmitir lo que en él y en mí había de lucha entre el vivir y el morir. En este sentido, los poemas son ensalmos contra la muerte en los que revive la memoria sensual de las ciudades y las regiones en el regocijo del lenguaje. La repetición de sonidos, la creación de ritmos, la invención de palabras eran armas contra el silencio de la muerte como lo son las brujerías. Las palabras se transformaban en ciudades que crecían como sus hermanas sobre la tierra, parecidas a hongos, árboles o arrecifes hasta ser los esqueletos exteriores de los habitantes, la afirmación de su existencia entre mar y río, valle y montaña.

Los poemas breves que alternan con los largos en este libro son como sus negativos. El proceso imaginativo es el contrario. Su trayectoria es hacia afuera. Mientras los extensos parten de la descripción física de los lugares, los cortos son meditaciones sobre una sola visión mental sin agregarle nada exterior y sin acumular asonancias ni ritmos ascendentes e intensos. Estos fueron concebidos originalmente como envíos o epígrafes para aquellos, cambiaron en una especie de iluminaciones, más lúcidos y transparentes, más concisos que sus compañeros.

El libro tiene un itinerario que se podría trazar en un mapa. Viaja de Europa, desde las tierras de mis padres, a Nueva York donde nací y que para ellos era el exilio y por fin a Colombia a través de México. Los poemas a España y Rumania no son un regreso al pasado aunque lo invoquen. Son el redescubrimiento de paises vistos desde la realidad y la ilusión presentes de América latina. Son también auto-descripciones donde yo me veo en edificios y en campos que realmente fueron míos solamente en la imaginación de mi infancia, estimulada por el acento andaluz de mi padre, su voz hecha de las fuentes de la Alhambra, por los cuentos de hadas y príncipes-osos que me contaba mi madre. Mi herencia verbal es la estructura de recuerdos que ellos llevaban como un castillo luminoso de lágrimas y de sangre derramada.

Mi idioma primario es un español idealizado, mezclado con la experiencia del inglés y del francés y guardado por muchos años como un cuarto secreto donde yo volvía para sentir. El castellano fue la lengua de mi infancia, el inglés la de mi educación. Que haya escogido aquél como lenguaje poético se debe al encuentro con América latina y con su literatura. La forma y el contenido de los tres libros que he escrito son más latinoamericanos que españoles o ingleses. Sin embargo, escribir poesía me permitió vertir todas las emociones encerradas desde el principio de mi vida en algo que apasionada y febrilmente buscaba hacer mío.

Los dos primeros libros, *Aquí beso yo* y *Labio adicto*, son poemas de amor, fuertemente eróticos, la voz de una mujer cantando el descubrimiento de la sensualidad. Son también una canción de amor al mundo de donde venía mi marido. Latinoamérica me pareció una tierra prometida a pesar de sus tragedias y sus problemas porque, en la búsqueda de su identidad, el conflicto de clases y tradiciones se han resuelto en un arte y una literatura conscientes, poderosos, vivos. Quise arraigarme en Colombia con mi marido haciendo parte de lo que es afirmación de vitalidad, invención y descubrimiento en América latina.

La leyenda del fénix y la de Lázaro me persiguen. Quería también renacer de las cenizas de la desilusión y el dolor de mis padres guardando lo que en ellos era más milagroso y perdurable: imagen y verbo. Quería transformarlos en algo del Nuevo Mundo, casi más persona que mundo verbal, una identidad en que también era yo misma mi país como lo han sido los pueblos en diáspora y los individuos viajeros, desterrados y vagamundos. Para cumplir con este ideal busqué lo que en mí creía ser más original y personal. En el prefacio de mi segundo libro, definí de esta manera el mito y la imagen poética: "Hundir la mano en sí hasta sacar algo que uno mismo no reconoce." De esta idea viene el carácter experimental de mis poemas más recientes.

Se basan en la palabra compuesta que me parece ser el tropo más perfecto (serpiedra). Es un modo poético que, en vez de dejar sus elementos cada uno en su región, como lo hace el símil, o de mantener entre ellos la distancia de un silencio, como lo hace la metáfora, los une para crear un nuevo ser. La palabra doble no es, en este libro, un juego verbal, sino un símbolo de mi vida, amalgama de culturas y de lenguas buscando a la vez arraigarse y liberarse. La antítesis es su expresión más intensa. La fusión de contrarios, en la que creían los surrealistas franceses, es tanto la esencia de lo que quisiera expresar en mis poemas como la de mucha obra literaria y pictórica latinoamericana. La palabra compuesta es mestiza, tomando fuerza tanto de la tensión entre sus dos partes como de su unidad.

Es por estas razones que el itinerario del libro es hacia América latina, específicamente Colombia, y México, el puente donde descubrí la majestad de la civilización precolombina que duerme bajo el suelo y brilla en la tez de los habitantes infundiendo todo con el significado de lo perdurable y el misterio de lo perdido. Nueva York es el puerto donde nací. Soy neoyorquina, y esto me permitió salir hacia afuera. Esta ciudad es una nave de cemento anclada entre las dos rías por el peso de los exiliados, los aventureros, los peregrinos, realmente un país en sí donde todos buscan el mar con nostalgia mientras caminan entre cuevas bajo la tierra.

Estos son los orígenes en mi vida de los poemas. En cuanto a influencias específicas literarias y extra-literarias, los poetas de la generación de mi padre y la precedente, García Lorca, Pedro Salinas, Jorge Guillén, Juan Ramón Jiménez, a todos los oí leídos en mi infancia, a algunos los conocí. Dejaron una impresión indeleble que mantuve viva durante mi adolescencia en re-lecturas que tenían algo de rito. Era como si con cada regreso a ese país imaginario que era España, hacía volver a mi padre muerto. Hice el primer viaje a su patria cuando tenía 17 años. Entonces fue que compré un libro de Neruda, *Residencia en la tierra*. El, mientras compartía mucho con los poetas españoles, me abrió las puertas a una América cubierta de imágenes de colores inesperados, flor enorme que baja la cabeza con el peso de un enjambre de mariposas hambrientas de su dulzura, confusas entre los pétalos. La influencia de todos estos poetas fue profunda en un sentido sicológico, sus mundos se mezclaron con el mío por ser de la familia dispersa de España fantasma.

Estudié literatura francesa y en ella giré hacia los surrealistas, Eluard, Breton, Desnos, hacia René Char sobre quien escribí mi tesis de licenciatura. El surrealismo, que reconoce completamente el poder del inconsciente y libera al poeta para soñar activamente en vez de razonar y construir, le entrega los duendes de su imaginación. En el siglo 18 francés estudié la influencia de la picaresca española en la que encontré imágenes que me llevaban siempre más cerca de Latinoamérica y en que seguramente están las semillas de la idea de escribir poemas de viaje. El exotismo del romanticismo inglés, aprendido por mí en la escuela secundaria con una profesora a quien debo mucho, la densidad de Yeats, todo esto hace parte de mi conocimiento y tiene algo que ver en mi estilo.

Las novelas y la poesía latinoamericanas que he leído me parecieron ser la afirmación de una lengua americana creciendo en un germen europeo plantado en las tradiciones indígenas y negras. El español ha mirado el misterio de su pasado en fragmentos y ha renacido en su propia imagen. La primera página de la extraordinaria novela cíclica y simbólica de Gabriel García Márquez, *Cien años de soledad,* es un poema en prosa sobre nombrar las cosas, sobre una época tan lejana en la historia de Macondo que los habitantes tenían que escribir los nombres sobre los objetos para acordarse de cómo se llamaban. En las primeras páginas, Macondo es un pueblo niño aprendiendo a hablar y la novela, entre muchas cosas más, traza el desarrollo de su balbuceo en mitología.

El poeta colombiano, Leon de Greiff, casi desconocido en los Estados Unidos, tuvo una gran impacto sobre mí en el desenvolvimiento de un lenguaje audaz. Su obra es un universo autosuficiente, rico en asociaciones, erudito y a la vez lleno de un humor valiente y original. De Greiff era una voz genuina, extraordinariamente hábil tanto en las formas tradicionales como en las más modernas. Su obra voluminosa tiene sonetos de amor, épicas, versos satíricos. Hizo de todo, recreando la historia de la literatura española y trayéndole un rico subfondo de sus raíces escandinavas, su conocimiento del francés y más increíble todavía, de la música. Fue de los pocos poetas que utilizaron sonatas y fugas para definir los ritmos y las rimas de sus composiciones. De los colombianos más jóvenes, Álvaro Mutis, poeta de las alas negras de la muerte, un grupo que se denominaba "Nadaístas," ahora desbandado, y que empleaba muchos de los procedimientos del surrealismo, todos estos también han entrado de alguna manera en mi mundo.

No es solamente de la literatura latinoamericana que están compenetrados estos poemas, sino también de su arte, la que conozco a través de mi marido, pintor y grabador geométrico que ama a su país con toda la pasión feroz de un perfeccionista. Su arte busca ordenar y destilar mientras él encuentra en sí mismo las formas legendarias elementales que pasaron desde le precolombino a sus sueños. Mi poesía aprendió a ser visual con él. Comprendí viviendo el arte latinoamericano lo que es realmente la imagen—un elemento vital en los hombres, las mujeres, los pueblos y los países. Poética o plástica, es algo que reside en la retina, en la

lengua, en las manos. Es una piel de ilusiones. El ser humano
ve naturalmente forma, geometría, mito, metáfora en lo que
lo rodea. El poeta y el pintor, cazadores, los atrapan, y los
alimentan, protegiéndolos de la transparencia y del caos.

Hay varios poemas que deben ser ubicados más específica-
mente y que vienen de formas y de tradiciones particulares.
En *El don de mi destierra*, la jarcha es una forma lírica com-
puesta del español antiguo y el hebreo o el árabe; allí los
idiomas se mezclan para intensificar los sentimientos del
amor o de la ausencia. La *doina* de *Murmurarumania* es un
canto popular de ese país parecido en algo al flamenco por su
indescriptible tristeza y la soledad de la voz en su música.

La relación con la literatura de la India es muy especial en
este libro ya que fue lo que causó su traducción. El poema
Avidaves inspiradas sigue en una forma muy poco rigurosa los
ritmos de las *rāgās*, composiciones improvisadas según
ciertos cánones tocadas en el *sitār* o en el *sarod*, instrumentos
de cuerda, por los músicos maestros de la India. Tal vez por
su semejanza a la guitarra flamenca, esta música me ha em-
brujado siempre y muchas veces he escrito escuchándola.
Avidaves está hecho con el fin de reproducir esos sonidos con
palabras. La literatura sánscrita la he leído en traducción y la
he compartido en una larga amistad con Barbara Stoler Miller.
Ha enriquecido mis estudios y mis lecturas con la sacraliza-
ción de lo sensual y con la exaltación de su expresión en la
poesía de la mitología y la religión. Conozco la riqueza de
sus texturas verbales solamente a través de lo que me dicen
Barbara y amigos hindúes. Cuando empecé a escribir ya
sabía que el sánscrito utilizaba la palabra compuesta.

Por el contenido emocional y por los conflictos que todavía
existen en mí, por la tendencia a escribir algo completamente

diferente cuando trato de traducir mis propios poemas al inglés, por nuestra amistad y por el interés que Barbara demostró en los poemas, los hemos traducido juntas. El inglés de Barbara es la expresión de su maestría como traductora de su entendimiento de mi mundo diverso y fragmentado. La traducción fue un enfrentamiento conmigo misma. Me hizo consciente del sentido que tuvo el viaje de mi libro. Fue un viaje de descubrimiento. Soy mujer poeta. Soy de este continente. Mi poesía busca unir. Soy un caso especial y mi esperanza es que mi poesía resuelva todas las contradicciones en una correspondencia de visión sonido y sentido.

Agueda Pizarro

Nueva York
mayo, 1979

Querida Agueda:

Ante todo admiro tu actitud valiente. A través de tus viajes desde 1972 estás lanzada a la creación—subrayo "creación"—de una obra original y subrayo "original." Tal vez hay algún precedente. A mí me suena a un estilo nuevo. Nuevo en ese grado tan coherente de tal desarrollo. La poesía supone siempre una recreación del lenguaje común que se transforma en una especie de dialecto personal, sin embargo comprensible para algún lector. Esta vez, las notas diferenciales son muchas e intensas. A un lingüista de hoy le tienen que atraer esas invenciones de palabras por asociación, por deformación, en frases que surgen merced a unas aliteraciones sorprendentes. Y todo ese fenómeno constante de nacimiento es a la vez el alborear de un idioma y el amanecer de poesía. De suerte que el poema nace indivisible en su doble creación poética y lingüística según ocurre siempre, pero en un grado mucho mayor. Esta obra suscita, por lo tanto, respeto e interés. Habría que citar versos, pasajes muy notables. Yo mencionaré, por ejemplo, "Avidaves inspiradas."

Lástima que este libro se imprima en cierta soledad y no se halle unido a todo un grupo, grupo no escuela—de jóvenes en torno a una revista de las llamadas de vanguardia. Porque esto sí es poesía experimental.

Un abrazo de tu viejo amigo

Jorge Guillén.

June 26, 1976

Dear Agueda:

First of all, I admire your courageous attitude. Through
your voyages, since 1972 you have been launched into
creation—I emphasize "creation"— of an original work—and
I emphasize "original." Perhaps there is some precedent. It
sounds to me like a new style. Especially new in its coher-
ence and development. Poetry always implies a re-creation of
everyday language, which transforms itself into a kind of
personal dialect, nevertheless understandable to a reader.
This time, the differential notes are many and intense. To a
linguist of today those inventions of words by association, by
deformation, in phrases that flow out owing to surprising al-
literations, certainly should have an attraction. That whole
constant phenomenon of birth is both the dawning of a lan-
guage and the awakening of poetry. Thus, the poem is born
indivisible in its dual poetic and linguistic creation—as al-
ways happens, but to a much greater degree. This work
therefore excites respect and interest. Verses, outstanding
passages should be quoted. I will mention, for example,
"Avidaves inspiradas."

It is a shame that this book should be published in relative
solitude and that it should not be joined to a whole group,
no, a school of young people around a magazine of the "van-
guard." Because this is really experimental poetry.

An embrace from your old friend

Jorge Guillén.

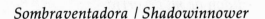

Sombraventadora / Shadowinnower

El don de mi destierra

Granada, España

La roja arde,
allalhambra, allalhambre,
alto alcázar,
nave guerra,
ruborizada, almalzada
por la tierra bermeja
en la sierra siempre nieve,
donde beduinos, niños,
pequeños camellos parpadeantes
palpitantes,
serenos, serranos, errantes,
crucicaminamos, crucigramamos la ruta,
que llevamos en el hueco del velamen,
añoramen, viajamen,
de lenta latina escondida por el tiempo
detrás de nuestros albornoces,
albornoches,
oscura ropa de la mororomería,
ala de la hégira,
abierta a la muerte y al viento
más velovoraces que halcones de califa.
Arraigarrastramos nuestras huellas dañadunas,

Gift of my Exile Land

The red burns
far Alhambra, farhunger,
high fortress,
war vessel,
reddened, spiritraised
through crimson earth
on the ridge of perpetual snow
where, bedouins, children,
small blinking camels,
quivering,
serene, wandering, mountain people,
we crossroad, crossword the route,
wearing in the hollows of sails,
longings, sailings
of a slow lateen boat hidden by time
behind our burnooses,
nooses of dawnights,
dark robes of the Moor's pilgrimage,
wing of the hegira
open to death and wind
swifterpreying than hawks of a caliph.
We root and claw our tracks into sandwounds,

rápidos recuerdos caídos desde nuestramargamérica,
nuestro transparente transpariente cantecontinente,
hasta lo más raíz de ultramar,
hasta lo más matriz de la cruzada y el cruzar
del cante y la sangre dadaderramada.
Allí, pálida escribana,
oscuriblanca, oscilante transeúnte,
te llevo hasta dentroespacios
donde la luz es el profeta
que traza las palabras
del poemagua en el aire,
del poemaire en el mármol
donde los azulejos,
azulreflejos orolejos,
salpican el sueño de la estrellahogada
y los murciélagos sacian el pielciego ritmo de la seda,
el gemir de un amante que pierde su tierra
y vierte su nombre en la sangre de muerfuentes,
su hombría en sonido de cipreses
como el almuédano desgarrando
destrenzando
gira
giraldando
la tez
la voz,
su cruz hacia el exilio.
Hija aislada, guía armada
de mi ojo de jarifa, milagromirada,
te entrego la ciudadela,
ciudádiva,
granada,
la jarcha, fruta jugo de poetas,
el don de mi destierra.

fleeting memories fallen from our bitteramerica,
our limpid kindred continent of song,
deep into its root across the sea,
deep into the womb of the crusade and the crossing
of song and the gift of spilled blood.
There, a pale scribe,
dark white, wavering vagrant,
I take you into inspaces
where light is the prophet
who traces the words
of the waterpoem in the air,
of the airpoem on the marble,
where glazed tiles,
blue fargold reflections,
splash the dream of the drowned star
and bats fill the skinblind rhythm of silk,
the wail of a lover who loses his land,
who pours his name into the blood of death fountains,
his manhood into the sound of cypresses,
like the muezzin tearing out,
unwinding,
spinning
weathervaning
his skin,
his voice,
his cross toward exile.
Lonely daughter, guide armed
with the spellbinding eye of an arab girl,
I hand you the citadel,
the gift of a city,
a pomegranate,
the *kharja*, the juice of poets,
the gift of my exile land.

Blancolvido

Vengo
de un bosque,
hueco en la distancia
y sobrevuelo
con ademanes águila
una tierra,
tez de luz
entre duendes de sombra.
Su sequedad roja me invade
en suave guerra
como dulzura propia.
Veo bajo el suelo,
luminoso en su duelo
a los muertos
lentos y ensimismados
soltando olivos por los dedos
hermosos en el olvido
mientras la blancura
absoluta, absuelta
soledad de los pueblos
me llama
con el sonido áspero
de la pérdida.

White Oblivion

I come
from a forest,
a void in the distance,
and I soar
with an eagle's gestures
over a land
whose skin is light
among shadow goblins.
Its red dryness penetrates me
in soothing defeat
like a private softness.
I see under the soil,
luminous in their mourning
the dead,
slow and ingrown,
sprouting olive trees through fingers
beautiful in neglect
while the whiteness,
absolute, absolved
solitude of the towns,
calls to me
with the harsh sound
of loss.

Prismaprecipicios

Cuenca, España

Balanceábamos,
trío de amigos abrigados,
tres aire atravesantes,
acróbatas traviesos
de tacones tercos,
trino de sonido hiriendo
la superficie hielo
del fríogris suspenso
sobre el riobrillo
entre prismaprecipicios
donde los halcones viracielos,
girasaetas, luzcometas
rompían la escarcha
con sus picochillos
desde el nido, invierno sin nieve,
mientras miragujaban
zigzagueando, agudamarillos,
por la grieta que invade
su paz feroz de cazadores
y la voz rapaz de un perro
que se convierte, vierte

Prismchasms

Cuenca, Spain

We were balancing,
a trio of bundled friends,
three aircrossers,
daredevil acrobats
wearing staccato heels,
trill of sound piercing
the ice surface
of gray cold suspended
over the riverlight
between prismchasms
where skyswerving hawks,
gyrating arrows, lightkites,
broke the hoarfrost
with beaks shrieking
from their snowless winter nest
while they needlewatched,
zigzagging, shrillyellow,
along the crack that invades
the hunters' fierce peace
and a dog's predatory voice
that grows, flows

en una puerta parda
abierta en piedra
un espejolejos de ranuras,
briznaestríafisuras,
rayadas, arrugadas en la roca
y caras resecas, granito
de viejos guardando en cuarzocuartos
los antiguos acrerojo,
ocre, humo,
musgo, negro
de la colmena colgante,
ríspido diamante de airetierra,
donde la niña asomada
al párpado de un balcón
dejaba helar su mirada
sobre nuestras sombras,
huellas en el puentecuenca,
fin de nuestra búsqueda
de la cuerdacuenca,
el recuerdo cruzaríos.

into a brown door
opened in stone
into a farlookinglass of crevices,
finecrackclefts
scratched, wrinkled into the rock,
and into dried granite faces
of old men guarding quartzrooms
the ancient acrid red,
ochre, smoke,
moss, black
of the hanging beehive,
the rough earthair diamond
where the girl staring
from the eyelid of a balcony
let her glance freeze
on our shadows,
tracks on Cuencabridge,
the end of our search
for the Cuencacord,
a rivercrossing memory.

Garras peregrinas

Castilla, España

Soñando, secos, el otoño,
pasábamos, cáscaras
como caimanes
buscando cimas verdes,
doble navío de corteza
mascando el mar sin agua.
Yo tenía un ojo antiguo
inciso en la mejilla,
tú, el otro en la mano hueca.
Las olas de viejas tempestades,
agazapadas bajo las colinas
esperaban nuestra oferta,
la mirada hermana, marrón,
casta sobre Castilla.
Comíamos pedazos de camino
en silencio ileso
mientras la rabia erizada
de un tronco hosco
traía hacia ella con raíces
las faldas de las sierras.
Bordé con las pestañas

Pilgrim Claws

Castile, Spain

Daydreaming autumn, parched,
we were passing, husks
like crocodiles
searching for green crests,
a tandem boat of bark
chewing the waterless sea.
I had an ancient eye
carved on my cheek,
the other was in your hollowed hand.
Waves of aged storms
crouching under the hills
waiting for our offering,
the sister gaze, brown,
cast upon Castile.
We were eating chunks of road
in unscathed silence,
while the bristling rage
of a rude stump
used its roots to pull in
the slopes of mountains.
My lashes stitched

una lenta zarabanda de olivos.
Zigzagueé por aquelarres,
brujas negras arraigadas,
quemadas en la tierra
por el cazador de cosas blancas.
Agarré con garras peregrinas,
anclas de mis pies perdidos,
las puertas de casas acalmadas,
serenas como puertos.
Seguí el hilo de una costurera,
amargamapatrazadora
que entregaba a los tierramarineros
una lona de rabia rojiza,
arrastrándolos a Nunca Volver,
el puertofuego.
Tú, las manos llenas de dedales,
atraías a tu pecho trozos luz,
pedazos de dorado prado,
que unías por los bordes negros
en una nueva piel para nosotros.

a slow saraband of olive trees.
I zigzagged through witchsabbaths,
black hags rooted,
burned into the ground
by the hunter of white things.
I clung with pilgrim claws,
anchors of my vagrant feet,
on the doors of quiet houses,
calm like harbors.
I followed the thread of a seamstress,
bittermapmaker
who handed earthsailors
a canvas of crimson rage,
dragging them beyond return,
to the burningport.
You, hands full of thimbles,
drew pieces of light to your chest,
chunks of golden meadow
you bound along black borders
to make a new skin for us.

Estalagmito

Barcelona, España

Agueda, grave ingrávida,
guiada por un enigma de Gaudí
mujer mirando en una catedral
el misterio de mí misma,
mito interior de estalactitas
y estalagmitas, conmigo desiguales
como carne de arrecife gris erguido,
gótico esqueleto de huesos como arcos
en la estructura de mi cráneo,
sus huecos como ecos de órgano
respirando en cuartos de nautilo.
Cuidadosa, concéntrica,
la locura de pequeños moluscos,
molécula sobre molécula
construye la escalera, sus cuerpos,
calcio de caracoles como ejércitos de abejas,
elevando en enjambres su zumbido
en convoluciones de cúpulas, óvalos y espirales,
ováricos nudos de cromosomaś,
laberintos linfáticos, avenidas de venas,
ventanas de ventrículas para un río de rojo

Stalagmitemyth

Barcelona, Spain

Agueda, grim, barren
guided by an enigma Gaudí made,
woman inside a cathedral watching
the mystery of myself,
the inner myth of stalactites
and stalagmites, jagged in me
like flesh of a gray raised reef,
a gothic skeleton of bones like arches
in the edifice of my skull,
its hollows like echoes of an organ
breathing in nautilus chambers.
The careful, concentric
madness of small mollusks,
molecule upon molecule
constructs a staircase of bodies,
shells of snails like hordes of bees
raising their drone in swarms,
in domed convolutions, ovals and spirals,
ovarian knots of chromosomes,
lymphatic labyrinths, veined avenues,
windows like ventricles for a river of red

donde crustácea, anfibia, mamífera
nado hacia adentro, embriónica, náufraga
entre baluartes, costillas de ballena
en bóvedas arábigas y ojivales,
columnas vertebrales
con médula de células engranadas
en una piel intensa de piedra
sobre llamas sólidas como cipreses
testigos de la trenzaresistencia,
una Sardana de murallas abrazadas
como cadenas de palabras,
versos en romances catalanes,
coros alabando a Barcelona
que lunar, creciente, quiero llenar
con algo que soy,
ascendiente,
caliente en medio del invierno,
mientras siento cómo cambio
de caverna,
en ciudad,
en ser,
en mujer,
Agueda grávida de canto.

where crustacean, amphibious, mammiferous,
I swim inward, embryonic, shipwrecked
among bulwarks, ribs of a whale
in vaults, arab and arched,
spinal columns
with the marrow of cells meshed
into an intense skin of stone
on flames solid as cypresses,
witnesses to the braiding resistance,
a sardana of embracing walls
like chains of words,
verses in Catalonian ballads,
choruses praising Barcelona
that I want to fill, lunar, waxing,
with something I am,
ascending,
warm in midwinter
while I feel how I change
from a cavern
into a city
into a being,
into a woman,
Agueda, pregnant with song.

Anémonas negras

Madre, me ves dormida
y tu vida
es un gran tapiz
de todos los colores
de todos los rumores
más antiguos,
nudo tras nudo gemelo,
raíz tras raíz de cuento.
No sabes qué terrible
es tu belleza mientras duermo.
Tu pelo es la luna
de un mar cantado en silencio.
Caminas con leones plateados
y me esperas, separas
en el fondoalfombra
cubierta de tristeza
bordada por ti
en una simetría feroz
que une con hilo,
seda persa,
los pinos y los hipogrifos.
Me dices ciega,

Black Anemones

Mother, you watch me sleep
and your life
is a large tapestry
of all the colors
of all the most ancient
murmurs,
knot after twin knot,
root after root of story.
You don't know how fearful
your beauty is while I sleep.
Your hair is the moon
of a sea sung in silence.
You walk with silver lions
and wait to estrange me
deep in the rug
covered with sorrow
embroidered by you
in a fierce symmetry
binding with thread
of Persian silk
the pinetrees and the griffins.
You call me blind,

me tocas los ojos
con anémonas negras.
Arácnida, voy hilando,
del ovillo en mi vientre,
tejiendo por los ojos,
rocío de llamas
en la telaraña.

you touch my eyes
with black anemones.
I am a spider that keeps spinning
from the spool in my womb,
weaving through eyes
the dew of flames
on the web.

Murmurarumania

Transilvania, Rumania

Alucinada, oigo una ululación,
embrión de embrujo,
ilusión huidiza en mi oído,
doina que alguien canta para mí,
niña pálida perdida entre pinos
hija de la ida, efímera
figura de una fábula,
iluminada, convertida
en lejísimo cariño limpio
como una parábola de mi madre
contándome collares de cuentos
donde las dos, escondidas, los sábados
desaparecíamos en sótanos refugios,
subterfugios contra los turcos
y en delicadas casitas filigranadas,
minúsculos palacios, *filigorias*
donde ella bordaba con hilo de oro
las sílabas, los sueños del exilio,
alumna ávida de sirvientas gitanas,
sus voces vibrando como cítaras
todavía en la India.

24

Murmuringrumania

Transylvania, Rumania

Hallucinating, I hear a wailing chant,
an embryo of bewitchment,
a fleeting illusion in my hearing,
a lament that someone sings for me,
pale, lost child among pines,
daughter of the missing, ephemeral
figure from a fable,
illumined, changed
into remote, limpid tenderness,
like a parable my mother told me,
recounting necklaces of tales
where we two, disguised on Saturdays,
would disappear into cellar refuges,
subterfuges against the Turks,
into delicate, filigreed
miniature palaces, pavilions
where, with gold thread, she embroidered
the syllables, the dreams of exile,
an avid student of gypsy servants,
their voices vibrating like sitars
still sounding in India.

Acurrucadas en Rumania
detrás de la ventana americana,
detrás de Abrud en las montañas,
enlutadas, ambas asustadas,
susurrábamos como las alas de los cuervos,
jueces oscuros encorvados en su árbol,
anocheciendo con su rumor las ramas.
Murmurábamos, ocultas,
como telas abultadas en baúles,
envueltas en duelos devueltos
a otros lugares, telegramas desahuciados,
restos de secretos, guerras y muertes
que cruzaron mares para ser llorados,
enterrados entre hilos de historias
en el margen de una página lúcida
de pergamino, incunable indescifrable
donde los filólogos musitan,
mágicas vocales, sonidos inconcebibles,
amparados en mis cartas ardientes,
ajenas al viento de Siberia,
agarrado y guardado en la garganta,
las anchas aguas graves de un río macho,
el más fuerte, el Mureș rugiendo,
en un verano henchido, hechizado
por fantasmas de carámbanos
derretidos en sombras
sonoras como cuevas de hielo,
abiertas al fin del invierno
al lado de iglesias hace siglos
leídas como libros, designados, persignados
por las manos de santos en mantas azules
en procesión por las paredes,

Crouched in Rumania
behind an American window,
behind Abrud in the mountains,
in mourning, both of us afraid,
we whispered like the wings of crows,
dark judges hunched in a tree,
nightfalling the branches with a swish of wings.
We murmured in hiding,
like cloth heaped into trunks
wrapped in grief returned
to other places, abandoned telegrams,
remains of secrets, wars and deaths
that crossed seas to be wept,
buried among the threads of stories
in the margin of a lucid page
of parchment, an arcane undecipherable book
where philologists mutter
magic vowels, inconceivable sounds
sheltered in my ardent letters,
strange to the wind of Siberia,
grabbed and guarded in the throat
of a male river's wide grave-toned waters,
the strongest, the Mureş roaring
into summer, swollen, bewitched
by icicle ghosts
melted into shadows,
sonorous as caves of ice
opened at the end of winter
beside churches read centuries ago
like books, appointed, annointed
by the hands of saints in blue capes
in procession along the walls,

los pies posados sobre satanases,
saltando por llamas como lenguas
que alaban el cielo con incienso,
humo de abuelas tiernas
en racimos como uvas arrugadas, juntas,
envueltas dentro de un trineo
y mirando cómo venía mi tío
protegido por el aullido de lobos blancos
y venciendo la nieve con un pensamiento,
el deseo de vuelo, de ver
desde un pico en Ampoita
cómo se deslizan las alas de cóndores andinos
que reverberan en el verbo que veo yo, aparecida
con las semillas de manzanas ofrecidas.

their feet placed on satans
leaping through flames like tongues
that celebrate the sky with incense,
smoke of tender grandmothers,
in clusters like wrinkled grapes, huddled,
wrapped inside a sleigh,
and watching how my uncle came,
protected by the howling of white wolves
and defeating the snow with one thought,
the desire to fly, to see
from a peak in Ampoita
how the wings of Andean condors glide,
echoing the word I see as I appear
with appleseed offerings.

Caras amenaza

Estoy dormida
sobre el pavimento negro
de la más terrible
de todas las ciudades.
Me rodean
bandadas de niños feroces
armados de piedras
sin color
y puñales de vidrio
sin luz.
Se han trazado con ceniza
las caras amenaza
sobre las murallas.
Algunos carecen de boca
porque no se ven en los espejos
ni hay palabras entre ellos.
Baja el sol
iluminándoles
los pechos delicados
donde late la maravilla
de la sangre.
Los pies brillan,

Menace Faces

I am sleeping
on black pavement
in the most terrible
city of all.
Bands of savage children
circle me,
armed with stones
without color
and daggers of glass
without light.
They have traced
their menace faces with ash
upon the walls.
Some lack mouths
for no mirrors reflect them,
no words pass among them.
The sun descends
illuminating
their faint chests
where the miracle of blood
beats.
Their feet shine,

centellas en invierno.
Quieren borrarme de la calle
pero me acarician la cabeza fría.
Comen sin decírmelo
las frutas de dos árboles
creciendo en mis manos
y beben de mis ojos
entreabiertos.

sparks in winter.
They want to rub me off the street
but they caress my cold head.
Without telling me, they eat
the fruits of two trees
growing in my hands
and they drink
from my barely opened
eyes.

Somnámbulos subterráneos

Nueva York

Desterrados terráqueos,
aterrizamos,
aterrorizados
entre espejos huecos subterráneos
donde se despedazan disfrazan las desilusiones
en desueños blancos
de los dueños del túnel.
Devastados,
destituidos se deslumbran,
desiluminosos
con el asombro de un sombrero,
tremendo, trémulo contra las desombras,
los vacíos de hombres sin cuerpo.
En la ruina de ruidos rotos,
derrotados
por el temor de estertores
y la cascaracaída
de periódicos perdidos,
sin sentido
sobre la rabia de rieles,
reconocemos la sonrisa presa,

34

Subterranean Sleepwalkers

New York

Earthbound outcasts,
we come to earth,
come to terror
among hollow underground mirrors
where disappointments are shredded, shrouded
in void white dreams
of the lords of the tunnel.
Ravaged,
forsaken, they dazzle each other,
lackluster
in an awesome hat,
tremendous, tremulous against blank shadows,
the void spaces of men without bodies.
In the ruin of broken noises
routed
by fear of deathrattles
and the huskfall
of lost newspapers,
senseless
on the wrathful tracks,
we recognize the captive smile,

la sorpresa de amantes atrapados,
mórficos, mordidos, morados
como grandes arañas arañadas
vestidas de extrañas esperanzas
endiamantadas, órficas telarañas
y danzando la desesperanza
como libélulas aleladas
de la púrpura delicada
dejada por la somnémona
mortífera en los parperdidos.
Oímos, somnámbulos ambos,
en el puerto escombroescondite
extinguido
en el fuego entierraencerrado,
una música
única,
vicio solitario de un violín
destilando la tristeza,
su triunfo
sobre la tribu de trenes,
truenos, estruendos
y pidiendo que miremos
marciegos, vagamudos
nuestro propio reflejo
que espejoespera
entre el miedo neón neoyorquino.

the guile of trapped lovers,
drugged, bitten, bruised
like giant, clawed spiders
clothed in strange longings,
diamond-crusted orphic spiderwebs,
dancing out blank despair
like dragonflies dazed
from the delicate purple stain
left by the sleepanemone
lethal on their lost eyelids.
We hear both, sleepwalking,
in the rubbledark port
razed
in the buriedtomb fire,
unique
music,
solitary vice of a violin
distilling sorrow,
its triumph
over the tribe of trains,
thunder and thunderclaps,
begging us to look
seablind, mute vagabonds
at our own mute reflection
that mirrorwaits
amid the neon New York fear.

Avidaves inspiradas

Leyenda, tierra de
Rādhā y Krisna

Indiamanarán,
infinitas,
sedas insinuosas,
algodones incienso,
hinchándose,
hallándose,
incendiándose en verdes,
velas conteniendo el viento,
sibilante salvaje serpentino,
azules pavoneándose en ríos,
preñándose,
desprendiéndose,
irradiándose en rojos,
cinabrio ondeando danzas ámbar
entre las manos de los domadores de telas
que arquearán,
entregarán,
arcoirisarán
desde dentro de dedos teñidos
por las incesantes leguas lengua,

Ardentbirds Inspired

> India, legendary land of
> Rādhā and Krishna

They will stream from India,
infinite,
insinuous silks,
incense cottons,
swelling,
meeting,
flaming into greens,
sails holding the wind,
sibilant serpentine savage,
blues peacocking in rivers,
impregnating each other,
unbinding,
lighting into reds,
cinnabar billowing amber dances
between the hands of cloth tamers
who will arc,
will give away,
will rainbow
from inside dyed fingers,
along endless tongued lengths,

brazos, intestinos de violín
hasta vocear,
verborar,
vierteverberar
en las recuerdas del *sitār*
sollozar del hondo *sarod*
la música que no romperá,
rasgará,
desgarrará
ni el mínimo insecto viajero mundo
vibrimando al mismo ritmo víbora
del cuerpo cobra torciéndose,
vientre de ancestra madre,
liana en danza
que se abrazará, párpado,
abrirá, círculo,
cerrará, sánscrito,
sanscrescribirá, secreto
palabraderramadando
encanto en canto,
notas loto, voz dios,
sílabas jazmines,
imanmanos pintadas de Rādhā
sobre el sexo amante
tocando,
manando,
amantimantando
la *rāga* del pelo Rādhā,
orgullosa
seda sobre él, azul,
ella sobre él, miel,
venciéndose,

40

arms, intestines of a violin
until they vocalize,
verbalize,
reverberate
in memorycords of the *sitār*
sobbing of the deep *sarod,*
music that will not break,
or rasp,
or rend
even the minute traveling insect world,
vibrating in the same viper rhythm
of a tortuous cobra's body,
the womb of our ancestor mother,
a dancing creeper
that will embrace itself, an eyelid,
will open, a circle,
will close, Sanskrit,
Sanskritscribbling, secret
wordpouring,
enchantment in chant,
lotus notes, god voice,
jasmine syllables,
painted magnethands of Rādhā
on her lover's sex,
playing,
flowing,
compelling her lover,
rāga of Rādhā's hair,
proud
silk over him, blue,
she over him, honey,
overcoming each other,

distanciándose,
solhembraesperándose,
sārī alargando la soledad en dos,
viajando en tensos tonos tambor,
habla *tablá* de alocadas palmas,
avidaves inspiradas
por el terco bosque hombre,
jugando, desjugando el juego,
ignorando el don pasión,
atando el líquido pupila
y encerrándolo en capullos suyos
cercacariciarán,
moramorderán
la piel mezclaroscura,
negrodianoche
hacia donde sembrarán,
arraigarán,
arbolarán,
purpurarán,
semillarán,
caerán,
madura música,
fruta en mí,
sueño de ti
para imaginar,
dar.

moving away,
sunlonelywomanwaiting,
a *sārī* stretching solitude in two,
traveling in tense drum tones,
tabla speech of frenzied palms,
ardentbirds inspired
by the stubborn forest man,
playing, unplaying the game,
ignorant of the passion gift,
tying the liquid pupil,
locking it inside buds
that will closecaress,
will bruisebite
skin of mixed shadowlights,
blackday night
toward where they will sow,
will take root,
will tree,
will crimson,
will seed,
will fall,
ripe music,
fruit in me,
dream of you
to imagine,
to give.

Sombraventadora

Desnuda,
feroz hasta la cintura
donde llega la hierba,
siembra fuerte,
me peino con dientes sol
en la soledad,
la tierra día.
Ondeante bruma,
el pelo húmedo
se ha enredado,
arrullado
en mi muerte.
La lucha de brazos
armados
con peines contra el sueño
cascadea en semillas,
luz
cayendo sobre mi vientre.
Mientras se seca lo oscuro
a mis pies fuego,
la melena hembra,
suelta,
despierta,
corona en llamas
de la sombraventadora.

Shadowinnower

Naked,
fierce to the waist
where the grass flows,
strong sowing,
I comb my hair with sun teeth
in solitude,
the earth's day.
A rolling fog,
my damp hair
is tangled,
cradled
in my death.
The battle of arms
armed
with combs against sleep
tumbles in seeds,
light
falling on my belly.
While the dark dries
at my fire feet
my female mane,
loosened,
awakes,
a crown in flames
for the shadowinnower.

Serpiedra

Uxmal, México

Kukulkán esculpe,
talla,
trenza con su cola,
su color,
el silbido de los soles,
el olor golondramargomusgo,
el silbido de abejas, estrellas
con sus amarillos más que mariposas.
Esconde,
enrosca sombras
en su nombre.
Anuda el número de la nube
en los puños de las mayamanos,
enlazadas y trazadas por la cuerda.
Kukulkán hila,
teje con su ser
siempresquinas, sierpesquinas,
escaleras cálidas escamaladas
donde la luz cruza con su equis
el dolor de signos
que anuncian el silencio.

Serpentbeingstone

Uxmal, Mexico

Kukulkán sculpts,
carves,
braids with his tail,
his color,
the hissing of his suns,
the swallowbittermoss odor,
the droning of bees, stars,
yellows brighter than butterflies.
He hides,
curls shadows
into his name.
He knots a cloud's cipher
into fists of Mayahands,
tied and traced by the cord.
Kukulkán spins,
weaves with his being
forevercorners, snakecorners,
warm scalewinged stairways
where light makes its cross to mark
the anguish of signs
that announce the silence.

47

Anida en su paladar
la palabra pura
y susurra el espejismo
suspendido por su lengua,
lisalíspida en la superficie
de la pielpiedra
donde igual la iguana
sueña con señales.
Sonriente, soñoliento,
Kukulkán, lumbre,
sabio, escupe
sus propias plumas,
ruinas, runas
y la tenue huella hueca
de nuestros cuatro cuerpos,
dos y dos,
borrosos glifos ocremados,
nombrhombres, murmujeres
repetidos en los templos
sin temblar en el quemaire,
respirado, sacrescrito, secrescrito
por el serpiedra,
Kukulkán abrazado de la tierra.

He nestles on his palate
the pure word
and whispers the mirage
hanging from his tongue,
slippery on the surface
of his skinstone
where even the iguana
dreams in symbols.
Smiling, lazy,
Kukulkán, the lucid
sage, spits out
his own feathers,
the ruins, runes
and the faint, hollow imprint
of our four bodies,
two and two,
blurred, pale ochre glyphs,
namemen, whisperwomen
repeated in temples
unshaken in airfire,
breathed, sacroscribed, secrescribed,
by the serpentbeingstone,
Kukulkán embracing the earth.

Las Masmurallas

El mar y su vacío
de día y desdía
densos, lentos desafían
desmoronan desde adentro,
muro tras muro maduro,
las masmurallas cuajadas
en las salobres palabras,
cicatrices ciegas
presas en las bocas huecas
de cautivos muertos
sombras caducas
en cadenas caídas,
cárdenas condenas,
cuerdas carceleras cartageneras
cargadas de sal de hombres
desahuciados
en los buques, bultos desterrados
en hondas bandas lunares
de duendeladrones bailando
contrabandos como contradanzas,
hartos de repetir la ruta

Thick Bulwarks

Cartagena, Colombia

The sea and its emptiness,
by daylight and darklight,
thick, slow defy,
decay from inside
wall after mellow wall
thick bulwarks condensed
in brackish words,
blind scars
caught in the hollow mouths
of dead captives
decrepit shadows
in dangling chains,
in bloodred sentences,
Cartagena's prison ropes
impregnated with the salt of men
forsaken
in boats, banished hulks
where sunken moonlight gangs
of goblinthieves dance
contraband like quadrilles,
weary of repeating the route

desde el resol hasta la resolana.
Cantan los nombres de las mascaronas,
temerarias hembras no morenas,
hembronas hembrunas,
que viven las vías viciosas
por la falda larga del letargo
de monjas desparecidas
esparcidas por el viento
que deshoja la amapola
y las cúpulas de la Popa.
Soplando, diestrosiniestro
levanta, eleva hasta el levante
la piel de plata
y el blanco yo del coco y de la cocaína
presa sagrada del escape y el rescate
que, insistentes, perseguimos
como los diminutos minutos comidos
por pequeños felinos bajo barcos dormidos
y como las monedas en el fondo
recogidas en el regocijo,
bullicio triste de niños negros
nadadores respirando como respiratas
la venida de la eléctrica, simétrica tormenta,
doble loca dobladora de palmeras
que hacen el dolor,
pariendo en parejas el calor
entre las paredes del ir y el volver.

from sunglare to sunlight.
They sing the names of figureheads,
intrepid, pale-skinned women,
buxom females
who follow corrupt ways
in dead nuns' full skirts
of lethargy
spread by the wind
that strips the poppy
and the domes of La Popa.
Wrecklessly evil, blowing
it raises, lifts to the levant
the silver skin,
the white heart of coconut and cocaine,
the sacred prize of escape and rescue
that we obsessively pursue
like diminutive minutes eaten
by miniature cats under sleeping boats
and like sunken coins
retrieved in rejoicing,
sad tumult of black children,
swimmers like pirates inhaling
the approach of the electrical, symmetrical storm,
a twice mad woman bending palmtrees
that make pain,
bearing heat in pairs
between walls of leaving and return.

Peligrosonido

Veo los lomos grises
de ballenas
y delfines muertos.
No hay mar,
sino olacuerpos
en silencio.
Dentro de ellos suena
una gran distancia
de canciones,
continentes destruidos.
Un sueño germina
entre mis dientes,
cambiando verdes
alrededor de islas
más que rojas
y notas que salen ardiendo
contestándose en fiebres
como órganos marinos
que no me dejan pronunciar
peligro.
Pongo dos tijeretas
sobre los ojos

Dangersound

I see the gray humps
of dead whales
and dolphins.
There is no sea,
only waves' bodies
in the silence.
Inside them sounds
a great distance
of songs,
destroyed continents.
A dream germinates
between my teeth,
altering green colors
around islands
of intense red
and burning notes that emerge,
responding in fevers,
like organs of the sea
that do not let me speak
danger.
I put two frigate birds
on my eyes

para decirte
que me despiertes
pero te sonríes
oyendo la dulzura del gesto
sin ver la muerte
llenando el norte.

to warn you
to wake me,
but you smile
hearing the softness of the gesture
without seeing death
filling the north.

La hija del cayo

Isla de San Andrés, Colombia

La hija del cayo,
avergonzada, danza,
cede,
trenza la tormenta.
Enamorazorada de los temporales,
olvidadiza de la acalmada nada,
dobla su orgullo de palmeras,
palmalas de mujer sin paz,
vuelamargada,
escondiendo en la pielespera sus huesos
de coral agudo,
desnudos, desplumados
que buscábamos, palabras mudas,
arrojándolas contra la madrugada
para despertar la voz redonda del viento
del color alga donde me mordías,
me elegías, submarina,
en días marmor marmullo de huracán
vientovenido,
cuando yo era una vez
una,

The Reef's Daughter
San Andrés Island, Colombia

The reef's daughter
dances, ashamed,
yields,
braids the storm.
In shy love with gale winds,
oblivious to the void seacalm,
she bends her pride of palmtrees,
leafwings of a woman without peace,
embittered by flying,
hiding inside waiting skin her bones
of sharp coral,
naked, bareplucked bones
we sought, mute words,
hurling them at the dawn
to wake the round voice of the wind
colored with kelp where you bit me,
chose me, underwater,
in sealove, sealull hurricanedays
windcoming,
when I was once
one,

pez perezoso, zeta,
aletas aislando azul hacia tu tierra.
No sabe la islaniña que está dentro,
que la protegemos entre nuestros dientes,
rodeándola con arrecifes
donde arriban medio barcoespectros
en el zigzag de tiburones.
Ignora que, apenas algomar, la añoramos,
rabiaraíz pintada
en sangresal sombría de pescadores
y la llamamos como los perros nadadores
cazaladran en son risas la cola de la espuma
y el pelo de la solsirena que yo ayer era,
tanto volando, tan malamando, nadando,
tan vorticevoraz, tan malacariciando
algo que no eras tú, alga en el finfondo
sin la luz blancablanda de cangrejos en espera
silbando entre caras, cáscaras de coco.
Me hundí en fosforescencia,
collares de espesaire, burbujas,
que me dio Murmuja,
hechivieja,
la mandrágora madremuerte isla,
la noche nómaga,
seductora de mis malágrimas.
Pero oí entre las oscuranulas olas,
el llorazar, lloramar de nuestra hijaisla
y salí, salté
ya tijereta,
gaviotagueda,
alcatraza,
ya no otra doliéndome,

the laziest z fish,
fins isolating blue around your land.
The island child inside me cannot know
that we defend her with our teeth,
surrounding her with reefs
that ghostly half-hulls reach
through zigzagging sharks.
Scarcely a seadrop, she does not know we yearn for her,
angeroot painted
in somber bloodsalt of fishermen,
and we call her the way the swimming dogs
barkhunt the spume's tail in sound beams,
the hair of the sunsiren that I was yesterday,
flying so much, so illoving, swimming
so vortexvoracious, so illcaressing
something you were not, like seaweed in the endepths
without the whitesoft light of waiting crabs
hissing through masks of coconut husks.
I sank into phosphorescence,
necklaces of thickair, bubbles,
that the Murmuringwitch gave me,
the sorceress hag,
mandrake root deathmother island,
night disenchantress,
seducing my painful tears.
But I heard in void dark waves
the fatecry, lovecry of our islandaughter
and I came out, leaped,
turned into a frigate bird,
seagull Agueda,
albatross,
now no other self is hurting me,

volviendo, volviento,
barcamarga,
a poner velímanos
sobre una herida en la tormenta
que se calmacababa
ovillándose en un sol.

returning, returnwind,
bitterboat
to put handsails
on a wound in the storm
that was ending in calm,
curling itself into a sun.

Solícana

El mismo pelícano,
volsoñando en el sol,
solo, solitario,
entre siglos y silencio
vigila las ruinas.
Lleva el cuerpo y el cuello
como un velero viejo
escrito por los verdes
y velado por el viento.
La misma pelícana,
mima, solícana,
antigua, angular
y delicada entre espumaños
lo sigue con la proa
llena de recuerdos, peces
y palabras algas
que cuelgan de los cuellos
de sirenas o de remos.
Buscan, buzospluma
el marsur de las tortugas,
los caminos y los cantos,

Loneseabird

The same pelican,
sleepflying in the sun
alone, solitary
between centuries and silence,
guards the ruins.
He sets his body and his neck
like an age-old sailing boat
that seagreens write,
watched by the wind.
The pelican's mate,
mime, loneseabird,
ancient, angular
and fragile through spume years,
follows him, her prow
filled with memories, fish
and seaweed words
that hang from the necks
of mermaids or oars.
Featherdivers, they seek
the south sea of giant turtles,
the paths and the songs

azulabiertos entre las corrientes
por balsaladas blancas, llenas,
la muertristeza de las morsas
y el deleite de delfines.
Sacan, pelicómagos, de los picos,
pies perdidos, sumergidos,
dedos de dioses nadadores.
Descifran el zafiro y el cobalto
que cortan sílabas caídas
de paredes rotas, idas,
lápidas de otras letanías.
Recogen letras, frágiles fragatas,
olaolvidadas por las tempestades,
hurgadas por los huracanes
para ponerlos, islas,
cascabeles,
cayos, escaleras, cozumeles
donde cumplimos en la luna
el lento poemar,
el trance,
la danzapaz de los pelícanos.

bluecleft between currents
by full white raftwings,
the deathsadness of walruses
and the delight of dolphins.
Pelicanwizards pull from their beaks
lost feet, submerged
toes of swimming gods.
They decode the sapphire and the cobalt
that cut syllables fallen
from broken walls, departed,
stone tablets of other litanies.
They collect letters, fragile frigates,
waveforgotten by the storms,
churned up by hurricanes
to put them, islands,
tiny bells,
shoals, scales, cozumels
where we consummate in the moon
the slow seapoem,
the trance,
the peacedance of the pelicans.

Arenárboles espectrales

Orillallá,
sé
que en tus pies
como en los míos
crecen
arenárboles espectrales
mientras corres,
aislando distancia
desierto adentro.
Soy soledad
y pierdo sombra,
busco norte,
un oasis
en el estrellachorro,
espeso cante helado,
lechecielo.
Las dunas se lunarepiten,
cuerpos blancos
en espejos negros
y huyendo
me van dando
la espalda.

Spectral Sandtrees

Farshore,
I know
that your feet
like mine
grow
spectral sandtrees
while you run,
isolating distance,
deep into the desert.
I am solitude
and I lose my shadow,
seeking the north,
an oasis
in the starstream,
a thick frozen song,
skymilk.
The dunes moonecho
white bodies
in black mirrors,
and sliding by me
they turn
their backs.

No hay nadie,
ni nada,
ni un ciego
ni un sosiego
para saciar mi sed
de ser ver,
navío con mirada mujer,
para cruzar hacia ti
el espejismo,
Sahara en mí misma.

There is no one,
nothing,
neither a blind man
nor tranquillity
to quench my thirst
to be, to see
a ship with a woman glance,
to cross toward you
the mirage,
the Sahara in myself.

Magabunda

Guajira colombiana

Guajira,
brujira lisa,
estriada soledad desconocida,
ajenased,
salida por el llano abandono
donde fumo la distancia, humo,
ululando huellas
con el hilo del cuchillo
y el filo de la flauta,
abriendo, ardiendo
el alamen de mi manta,
imanta plena
volátil volumen
volalumen de la danzagarza,
velocidad de tus vensueños,
dunasal en la desarena.
Allí pido, rezo para mis pies,
precisos peces timbaltiburones,
la prisaritmo,
el rito que persigue
y sosiega los simunes

Witchnomad

Colombian Guajira

The desert Guajira,
smooth sorceress
streaked in strange loneliness,
alien thirst,
escapes through the empty plain
whose distance I inhale,
chanting tracks
with a knife's thread
and a flute's sharp edge,
opening, enflaming
the sailwings of my robe,
magnetic, full,
fleeting swell,
brightflight of the egretdance,
speed of your dreamcalling,
dunesalt in the sandvoid.
There, I ask, I pray that my feet,
precise sharkdrum fish,
will have quickrhythm,
the ritual to chase
and calm the sand winds,

con la risa huidiza que expía.
Un enjambre,
caen las caricias oscuras,
agujas niñas runas
lenguas en la orilla de lagunas
en el temblor de los tambores
que querían atraerte al puerto.
Lejísima Espejisma,
corro con el desierto,
cierro el riesgo del círculo abierto,
venzo el viento con los dientes
y muerdo la muertemor
que nos amenaza como la vergüenza,
la venganza de una nave inexorable.
Norflotando,
surlizando,
desviándome,
estexorcista desorbitada,
trópica desde el oeste,
magabunda cantepreñada,
vuelvo vozembarazada
en chispa de chichamaya
para deshojar tus párpados anulanudados,
desatar de soslayo las leyendas ciegas
y encontrar lo que huía en tus ojos.

to purify with a fleeting laugh.
In a swarm,
dark caresses fall,
needle children, runes,
tongues on the shore of lagoons
in the trembling drums
that longed to entice you to port.
Faraway mirage,
I run with the desert,
I close the broken circle's danger,
defeating the wind with my teeth,
and I bite the lethalove
threatening us like shame,
the revenge of a relentless ship.
Northfloating,
southlisting,
sheering off,
disoriented eastexorcist,
tropical western creature,
witchnomad, songswollen,
I return, bearing my voice
in a spark of the desert dance
to strip your bareknot eyelids,
to slyly unbend the blind legends
and find what fled in your eyes.

Telasecreta

Los hombres idos
se han apagado
con las luces
de la casa.
Tus hermanas,
cálidas
pétalas,
me rodean,
multiplicándose,
luciérnagas
en los fuegos fatuos
de sus cuentos.
Nos reímos,
espantadas
y nuestros labios
rozan
recuerdos tan cercanos
tan familiares,
que les cerramos los ojos
como a un hijo muerto.
Secretamente,
cada una

Secretcloth

The men who left
have been turned off
with the lights
of the house.
Your sisters,
warm
petals,
surround me,
reproducing themselves,
fireflies
in will o' the wisps
of their tales.
We laugh,
terrified,
and our lips
brush
memories so near,
so intimate,
that we close their eyes
like a dead child's.
Secretly,
each one,

con las uñas
forma un lienzo
con punto de cruces,
bordando en el mapa
todos los sonidos,
hace silencios
ensombrecidos
en trenzas,
lazos y bolsillos,
así envolviendo
en la telasecreta,
la memoria.

with her fingernails,
works on linen
in crossed stitches,
embroidering on the map
all the sounds,
makes silences
shadowed
into braids
loops and pockets,
thus swaddling
in the secretcloth,
the memory.

Espía de sonidos

Ruta de la violencia, Colombia

Huraño,
mi ojo hurga las coyunturas
donde la verdura arruga
un hallazgo de pliegues
y la furiosa, arriesgada,
arisca tierra fruncida,
húmeda de vértigo,
recelosa recauda
las aguas más violentas,
incautas cauces
y vegetal, vertical,
cautelosa entre guadua y platanal,
cafetal tras cafetal
en afanosas, afantasmadas cuestas,
sumisas a la sabiduría
rutinaria de las mulas,
anuladoras de la bruma
que, sospechosas, suben
por la ruta de ciudades rucias,
agrias, grisáceas, agrietadas,
hendidas a machetazos

Spy of Sounds
Ruta de la Violencia, Colombia

Restive,
my eye pries through joints
where green wrinkles
into a folded treasure,
and the furious, daring,
surly frowning earth,
wet with vertigo,
full of mistrust collects
the most violent waters,
wild river canyons
and vertical, vegetal,
cautious amid bamboo and banana trees,
one coffee plantation after another
in urgent, ghostly hills,
submissive to the routine
wisdom of mules,
denying the fog
that they climb in suspicion
on the route of hoary cities,
acrid, bitter, cracked
hacked by machete blows

de maduras maderas montañeras,
montaraces, monteaudaces
y ensangrentadas con la exuberancia
de cuentos de muerte, cosechas
de malezas como malhechores
y matanzas como matas,
arraigadas madres
cargadas con su fruto frío,
bultos brutales colgados
de los lomos de los machos
y degollados, borrados
en las calles del Valle.
Furtiva, agitada fugitiva,
inmigro, intensa e imperfecta
y robo, reacia invasora,
innatos miedos emanados
de los pasos pesados de bandidos,
foragidos forasteros,
pasados, pisada por pisada,
taimados caídos de Caicedonia,
salidos, alados de Sevilla,
bárbaros bandoleros cruzados de balas,
su delicado aliento de rapiña
pintado por los dedos de los niños,
dibujantes diligentes
de viajeros exiliados,
exhaustos, elocuentes, locuaces
por las voces de sus heridas.
Espía de sonidos, esquiva,
esculco los ritmos
sepultados en las esquinas
donde rechinan, oxidadas, las espuelas

out of ripe mountain timber
untamed, hillbold
and bloodied with the abundance
of death tales, harvests
of weeds like evil men
and massacres like bushes,
deep-rooted mothers
burdened with their cold fruit,
brutal bundles hanging
from the flanks of mule studs
and beheaded, erased
in the streets of the valley.
Furtive, nervous fugitive,
I immigrate, intense and imperfect,
a shy invader, I steal,
the inborn fears rising
from the heavy steps of bandits,
outlaw strangers
gone, step by step,
rogues fallen from Caicedonia,
escaped on wings from Sevilla,
barbarous, bullet-crossed brigands,
their delicate, preying breath
painted by children's fingers,
diligently making designs
of outcaste travelers,
exhausted, eloquent, talking
through the voices of their wounds.
Spy of sounds, shy,
I search for rhythms
buried in corners
where rusted spurs creak

en duelo sobre el suelo abuelo
y vacila un instante Lamparilla,
asesino de los ojos verdes,
oscilando en las pupilas de Luisa,
dilatadas del espanto, del relato
y del encuentro de su recuerdo.

in mourning on the ancestor floor
and Lamparilla falters for an instant,
green-eyed murderer
wavering in Luisa's pupils,
wide in the terror of her tale
and her meeting with his memory.

Puntovuelo

Roldanillo, Colombia

Nos encuentran siempre
en el puntovuelo,
la puntas del puentevuelta,
el duelo de dos Caucas,
corrientes acorraladas, luz y agua,
derramadas desde cordilleras
en un reverso, perverso re-reflejo
doble torbellino arcoirisado,
arrebol arrinconado,
estrellado remolino valluno,
ardiente, alumbrado, húmedo,
alucinante, balbuceante hablar,
hallar del agua a su voz de luz,
eco ancho de asoleadas soledades,
calladas en cal, ahogadas entre guaduas
que nos aguardan como garzas,
erguidas, agudas, iguales,
y los fosforescentes candiles incandescentes,
flores infuegofatuadas de las ceibas
anunciando la novia noche negra
que traga la tarde y la entrega

Flightpoint

Roldanillo, Columbia

They always meet us
at flightpoint,
the ends of a bridge bending us back,
the mourning of two Cauca rivers,
corralled currents, light and water
poured from mountain ridges
in a reverse, perverse reflection,
a double rainbowed whirlpool,
trapped sunset,
shattered valley whirlwind,
burning, shining, wet,
hallucinating, lisping speech,
water finding its voice of light,
wide echo of sunlit solitudes,
silenced in limewhite, drowned among bamboos
that wait for us like egrets,
straight, sharp, uniform,
and phosphorescent incandescent candles,
will o' the wisps blossoming on kapok trees
announcing the black bride night
that swallows afternoon and surrenders it

a otros ríos oscuros, curiosos,
mezcla de miel y miedo
que nos inundan aún juntos,
nos ahondan en sombras abundantes
arropando horas y ahoras,
rebozando, esbozando, bostezando
distantes momentos en cuartos blancos,
cuajados en manjarblanco,
suaves, sumidos sustos,
hilados, adormilados
emanando de las manos de hermanas,
que hermanan por el espaciopatio
como Ligia libélula flamulando,
llamando, llamarada ligera entre gladiolas,
y fragmentándose, fragante
como fruta madura, mordida, madrugada
madrereída en un regocijo de sonidos
guardados en semillas de granadilla,
guama y guanábana, chirimoya y chontaduro,
chispas bebidas en versos añejos
verbos ebrios como hierbas secretas,
todavía no secas en las bocas de los viejos
y sembrados en la rememoria
como azúcar brujo entre los pechos
llenos de leche, los suesenos de bellezas,
ya lejos, ya perdidas en los espejos.
Por esta puerta del pueblo entro,
entera, la más extraña extranjera,
la más extrañamante,
enorme, extrema, extravagante,
tan blanca, loca, cabal cabalgante,
chalana agarrada por los dientes

to other dark, curious rivers,
mixtures of honey and fear
that flood us though we unite,
plunge us into dense shadows,
wrapping hours and instants,
muffling, drawing, yawning
distant moments in white rooms,
thickening into milksweets,
smooth, smothered terrors,
spun into drowsiness
streaming from the hands of sisters
who join through the spacious courtyard
like dragonfly Ligia's flickering flame,
a nimble flash among gladioli calling
and fragmenting into her own fragrance
like a ripe fruit, bitten, rising at dawn,
laughed out of the mirth of her mother's noises
stored in seeds of passionfruit,
guama and custard apple, chirimoya and palm,
sparks drunk in mellow verses,
drunken words like secret herbs
not yet dry in the mouths of old men
and sown in their memory
like witches' sugar between breasts
filled with milk, dreambreasts of beauties
now far away, now lost in their mirrors.
Through this town gate I enter,
entire, the strangest stranger,
the most strange lover,
huge, excessive, extravagant,
so white, crazy, high on horseback,
a horsewoman hanging by her teeth

de la melena de la yegua
que viene del vientociénaga
y luego juega, yergue el cuello,
repite el repique recio,
el choque de su casco,
borracha de la rima,
arrecha del ritmo
que aquí vira, gira, mío
hacia el río en la orilla Roldanillo
donde asustada, enamorada,
intímida, ensimismada, en ti mimada,
busco el abrupto,
amargo,
íntegro
hombre o árbol que eres.

to the mane of a mare
who comes from the marshwind
and arches her neck in spirited play,
rehearses her staccato gait,
the strike of each hoof,
drunk with the rhyme,
hot with the rhythm
that here twists, turns mine
toward the river on the Roldanillo shore
where frightened, in love,
intimate, inside myself, indulged in you,
I seek the rugged,
bitter,
complete
man or tree that you are.

Guaduámbulo

Roldanillo, Colombia

Una suavidumbre de niños
embrujados,
ensimismados en impaciencia
se congrega,
encuclillados chiquillos cuchicheando
al pie de la sombra que somos.
Se encaraman,
las caras entre las ramas
de los samanes y sus mujeres ceiba.
Los colores piel,
miel,
canela, panela,
los oscurojos curiosos,
el olor a pelohierba caliente
de tanto jugar en la tierra
se lunadiluyen, lunahuyentan
en cenizahechizo de luces de bengala,
la áspera espera de los polvoreros
que se asoman, abanderados
con sombreros de peligros
y dedos sexofósforo

92

Bamboopolewalker

Roldanillo, Colombia

A softcrowding of children,
bewitched,
impatient inside themselves,
congregates,
squatting urchins whispering
at our shadowfeet.
They clamber,
faces in the branches
of raintrees and kapok tree wives.
The skin colors,
honey,
cinnamon, brown sugar,
the darkeyes curious,
the odor of hairgrass warm
from playing so much in the dirt,
moonthin, moonflee
in ashtrance of Bengal lights,
jagged waiting for the fireworkers
who appear bannered
with hats of dangers
and sexmatch fingers

a prender con la llamilla el castillo
donde crepita, irritada, la culebra,
estrepitosa, espasmódica,
comiendo con bocados eco,
cumpliendo los días siglo,
signos hechos muñecos
por la trizasonrisa de una vieja.
En un momento,
un inmóvil,
el sierpincendio se detiene,
se enrosca, arisco,
arruga, muriéndose,
hecho hilo, humo diurno.
Trepa el héroe,
arriesgado corsario
con su hijobrizna, tizón,
y reviva el fuego,
él, polvoraculebrero,
guaduámbulo, funambulista,
pirata más que piromarinero,
pirómano,
ácido técnico del fuego
con cimitarra de centellas
y cintura de mentiras
para rescatar nuestra suerte
en la muerte de otro año
achicharrado en un ruido cigarra
para que nazca tras cenizar
un hermano tan blanco
lleno de golpes morados
demorados en décadas soñadas
y dados con palabras,

to kindle with the tiny flame the castle
where the raging snake crackles,
hissing, convulsing,
eating with echo bites,
completing the century days,
symbols made into effigies
by an old woman's splintersmile.
In a moment
a motionless,
the snakefire stops,
coils itself, recoiling,
crumples, dying,
turned into thread, smoke.
The hero climbs,
a daring corsair
with his sonwisp, a firebrand,
and he revives the fire,
he, powdersnakecharmer,
bamboopolewalker, tightropewalker,
more pirate than firesailor,
firemadman,
acid technician of the blaze,
with his scimitar of sparks
and his belt of lies
to rescue our destiny
in the death of another year,
charred in a locust sound
so that he will rise from ashes,
an ashwhite brother
covered with purple bruises,
delayed in dreamed decades
and beaten with words,

abandonadas cosas con costra
rotas bajo la cama,
desparramadas en el derrame,
el fondo de la borrachera
que ahora él, digno,
tímido titiritero,
flaco Lázaro con cigarrillo,
convierte en luces,
globos de sus finas manos,
ágiles ángeles
dando cálidas candelas,
colas de cometas caídas del cielo
sobre techos y cabezas
y pulverizando pólvora polen
en los pétalos, llamas,
de una niñaescondida
girando en los ojos,
negrura de mujer espera.

forsaken scabby things
broken under the bed,
scattered in the hemorrhage,
the abyss of drunkenness
that now he proud,
timid juggler,
skinny Lazarus with a cigarette,
transforms into lights,
globes in his fine hands,
agile angels
giving out kindled candles,
tails of comets fallen from the sky
on roofs and heads,
and spraying gunpowder pollen
on the petals, flames
of a hiddenchild
spinning in the eyes
of a waiting woman, liquidblack.

Poemárbol

Agueda higuera,
ceibagueda,
aire arraigada,
viajárbol,
mujer manglar,
tengo flores voladoras
de carne densa
y fruta jugosa
para morder color,
corteza luz.
Fieras de fuego grueso,
lánguidos leones,
pálidas peras
cuelgan de mis ramas.
En la pulpa profunda
del tronco llevo
un hondo nombre,
redondo,
coraza de cálida sangre,
huesotierra,
terruño,
nudoniño,
mi lengua humana.

Treepoem

Figtree Agueda,
kapok Agueda
air rooted,
tree voyager,
mangrove woman,
I hold flying flowers
of dense flesh
and succulent fruit
to bite color,
skin of light.
Beasts of thick fire,
languid lions,
pale pears,
hang from my branches.
In the inner pulp
of my trunck I carry
a deep name,
round,
an armor of warm blood,
bone earth,
native soil,
knotchild,
my human tongue.

TRANSLATOR'S NOTE

I have known Agueda Pizarro since we were introduced as undergraduates at Barnard College by an Indian friend with whom we had separately shared our interests in the music and structure of our own and other exotic tongues. Agueda and I and Kanakalatā keep listening to the rhythms of each other's speech and lives in letters and frequent visits. I read the poems of Agueda's first two books, *Aquí beso yo* (Bogotá, 1969) and *Labio adicto* (Bogotá, 1972), while I was studying Sanskrit philology and experimenting with ways of translating Sanskrit mystical erotic poetry into English. We talked about Lorca, Vallejo, Neruda, Desnos, Char, Apollinaire, *The Tale of Genji, Cien años de soledad*, Sanskrit compound words, *duende*, gypsy music, Uxmal, and erotic imagery.

In 1975, while I was in India, I translated a few of Nabaneeta Dev Sen's Bengali poems with the poet. I had never before considered the frustration a bilingual poet feels in being unable to "translate" her primary work into her other language. Agueda's response to the English versions of Nabaneeta's poems was to show me her own new work. Although the wit and imagery of the earlier poems was strong, I was unprepared for the emotional intensity, powerful rhythms, and word play of these poems. I remembered that I mentally compared them with the poems from *Labio adicto*, for example:

Juguete erótico

Me senté y me comí un loto.
No era para olvidarme,
como hacían en tiempos antiguos,
era para cambiar el color de la espuma,
que sale, a veces, de mis orejas.
El loto sabía a sexo y leche,
y lo guardé un largo rato en la boca,
teniendo cuidado de no estropearlo
(como hago contigo),
porque si lo muerdes
antes de hacerlo desparecer,
el lugar donde lo has mordido
sangra una sangre delicada y marrón.
Cuando por fin lo mordí,
y lo mastiqué,
dejándolo perfumar mi cerebro,
nacieron entre mis dientes
20 ó 30 lotos más.

An Erotic Game

I sat down and ate a lotus—
it wasn't to forget,
the way they did in ancient times;
it was to change the color of spume
that sometimes comes from my ears.
The lotus tasted of sex and milk
and I kept it in my mouth a while,
carefully trying not to spoil it
(the way I do with you),
because if you bite it
before you make it invisible,
the place where you bit it
bleeds a delicate brown blood.
When I finally bit it
and chewed it,
letting it perfume my brain,
20 or 30 more lotuses
were born between my teeth.

The boldness of the new poems was most obvious in the composite words Agueda had created as intricate patterns of sound and meaning to unify exterior places with her interior journey. Compound words are a distinctive feature of Sanskrit poetry, exploited to create the dense emotional atmosphere of love or pity that Indian audiences value in aesthetic experience. The means I was using to translate Sanskrit love poetry provided the basis for attempting to recreate the sensual sound symbolism and compound words of Agueda's Spanish.[1]

Among my first attempts to translate Agueda's poems were "Murmurarumania" (Murmuringrumania) and "Avidaves inspirades" (Ardentbirds Inspired). These were published with a translation of Nabaneeta Dev Sen's poem "Ebāre tapasyār lagna" (Now, the Time of Penance) and notes by both poets on their own bilingualism in an article entitled "Splitting the Mother Tongue."[2] Reading the poems aloud together and unraveling them has occupied us for long hours and days over the last couple of years. During this time Agueda's daughter Sara was born, and my daughter Gwenn wrote her first poem. This translation has demanded more than scholarship of words, images, poetic forms, natural history, and historical contexts—it has meant bending my ear to hear the emotional source of my friend's elusive magic.

Barbara Stoler Miller

New York, 1979

[1] For technical details of Sanskrit poetic form, see my *Love Song of the Dark Lord: Jayadeva's Gītagovinda* (New York, 1977) and *The Hermit and the Love-Thief: Sanskrit Poems of Bhartrihari and Bilhana* (New York, 1978).

[2] *Signs: Journal of Women in Culture and Society*, 3, no. 3 (Spring 1978), 608–21.